Fröhliche

REIM
NACHTEN

Moderne Weihnachtsgedichte
mit Augen- und Versmaß

Christian Bosse

1. Auflage 2021

Bibliografische Information der Deutschen
Nationalbibliothek: Die Deutsche Nationalbibliothek
verzeichnet diese Publikation in der Deutschen
Nationalbibliografie; detaillierte bibliografische Daten sind
im Internet über dnb.dnb.de abrufbar.

ISBN: 978-3-754-39586-8

INHALTSVERZEICHNIS

01. Vorwort-Gedicht   S. 7

02. Traditionen   S. 9

03. Früher war mehr Lametta   S. 10

04. Advent verpennt   S. 14

05. Keksbackgedicht   S. 17

06. Der Meta-Wunsch   S. 18

07. Weihnachten nicht zu Hause   S. 21

08. Einpackgedicht   S. 23

09. Der Weihnachtsbote   S. 24

10. Der Weihnachtsbaum   S. 27

11. Die Geschenkeproduktion   S. 28

12. Der Weihnachtsmarkt   S. 33

13. Der Gutschein   S. 34

14. Staying home for christmas   S. 37

15. Einer fehlt   S. 38

16. Adventskalender   S. 40

17. Warme Weihnachten   S. 43

18. Das Krippenspiel   S. 44

19. Mal angenommen   S. 46

20. Friedliche Weihnachten   S. 48

21. Regionale Weihnachten   S. 50

22. Weihnachtsessen   S. 57

23. Der Verwandtenbesuch   S. 58

24. Abschiedsgedicht   S. 61

01.
VORWORT-GEDICHT

Zu Weihnachten gibt es Geschenke,
einen Baum und viel edle Getränke.
Auch so manches Gedicht –
ob man will oder nicht –
kommt dann gerne mal tief aus der Senke.

02.
TRADITIONEN

Hast du sie jemals hinterfragt,
die allgemeine Albernheit,
zu der man einfach immer sagt:
„So ist sie halt, die Weihnachtszeit"?

Da werden Kerzen angezündet,
obwohl die Bude brennen kann
und mit „Gemütlichkeit" begründet
macht man im Fenster Lichter an.

Kalender mit zu wenig Tagen,
vierundzwanzig an der Zahl,
sorgen nirgendwo für Klagen,
sondern für manch' Freudenstrahl.

Es werden Dickmacher gebacken,
die man sich sonst niemals erlaubt,
und für einmal Nüsseknacken
wird der Nussknacker entstaubt.

Man singt zusammen alte Lieder,
deren Texte man nicht kann,
und dann deponiert man wieder
Stiefel für den Weihnachtsmann.

In der alten Kaffeekanne
wird Kakao mit Rum vermengt,
später fällt man eine Tanne,
an die man Kinkerlitzchen hängt.

Es gibt so viel schräges Gebaren,
das jeder schweigend anerkennt,
man kann seine Marotten wahren,
wenn man sie „Traditionen" nennt.

03.
FRÜHER WAR
MEHR LAMETTA

Heutzutage schimpft man gern,
wie blöd doch alles ist.
Wo früher alles golden war,
ist heute alles Mist.

Viele Menschen denken so,
nicht nur die alten Kranken,
auch Weihnachten sind sie präsent,
die meckernden Gedanken:

„Früher gabs mehr Festlichkeit,
mehr Spaß, mehr Harmonie.
Ein jeder hat sich wohlgefühlt,
gestritten wurde nie.

Die Kerzen waren noch aus Wachs
und nicht aus LED,
statt Rollsplitt lag auf unsrer Straße
knöchelhoher Schnee.

Gesungen und gelacht ham wir
und gut und viel gegessen
und dann bei einem Gläschen Wein
noch lang am Baum gesessen.

Weihnachten '1952

'1982

Mehr Wärme und mehr Eis
und auch Geschenke gabs viel mehr.
Das letzte schöne Weihnachten?
Das ist schon ewig her."

Die Wahrheit ist: Auch früher war
nicht immer alles toll.
Auch damals waren kurz vorm Fest
schon die Geschäfte voll.

Nicht jeder hatte ein Geschenk,
nicht jeder einen Baum,
für manche war auch dann sogar
ein warmes Haus nur Traum.

Ja schwarz und weiß zu denken
trifft es nur beim Schach genau,
im Leben gibt's dazwischen
viele Tausend Töne grau.

Früher war viel besser,
vieles schlechter, vieles gleich.
Der Baum war vielleicht grüner,
aber nicht so nadelreich.

Die Krippe war noch handgemacht
und dafür ziemlich schief.
Genauso wie der Weihnachtschor,
der statt „Last Christmas" lief.

Wer immer nur an früher denkt
und das ist ja der Clou,
bekommt zu den Erinnerungen
keine mehr dazu.

Darum genießt die Weihnachtszeit,
ich wünsch euch ganz viel Glück.
Vielleicht denkt ihr ja später
immer gern daran zurück.

Denn dann, in ein paar Jahren,
ist es sicherlich so weit:
Dann zählt auch dieses Weihnachten
zur "guten, alten Zeit".

WEIHNACHTEN
2022

04.
ADVENT VERPENNT

Advent verpennt,
auch das Event:
den Weihnachtsmarkt zu zweit.

Advent verpennt,
die Stimmung brennt,
statt Glühwein gibt es Streit.

Advent verpennt,
und permanent
erhöht sich Hitzigkeit.

Advent verpennt,
ab jetzt getrennt
und das zur Weihnachtszeit.

05.
KEKSBACKGEDICHT

Man fülle die Schüssel mit Mehl für den Start
und gebe dann Zucker dabei.
Im Anschluss dann einfach nach Hausfrauenart
ein Stück Butter und ein ganzes Ei.

Ärmel hochschieben, denn jetzt kommt das Kneten,
der Teig wird zur Kugel gebaut.
Danach in den Kühlschrank und Beine vertreten
(kurz naschen, wenn grad keiner schaut).

Den Ofen erhitzen, die Kugel halbieren
und ausrollen gleichmäßig dick.
Mit Ausstechform dann noch den Teig malträtieren,
mit Eigelb bestreichen macht's schick.

Für knapp zehn Minuten dann ab in die Hitze
bis goldgelb die Farbe brilliert.
Danach wird mit Streuseln und Zuckergussspritze
der Keks noch nach Gusto verziert.

Zum Schluss in die Dose und sehr gut verschließen –
die Plätzchen sind ganz heiß begehrt.
Sonst kannst du sie gar nicht erst selber genießen,
denn alle sind längst schon verzehrt.

17

06.
DER META-WUNSCH

Fahrrad, Spiele, Süßigkeiten,
Snowboard, Duft, Gitarrensaiten,
Bücher, Schnaps, Erlebnisreise,
endlich wieder D-Mark-Preise,
ein kleines Haus direkt am Meer –
all das wünscht sich jemand sehr.

Andre wollen viel mehr Geld
oder dass kein Regen fällt,
keine Schmerzen mehr im Knie,
keine Tierhaarallergie,
dass die Zeit sich rückwärts dreht
und die schwarze Null bald steht.

Wieder andre wünschen sich
einen neuen Hausanstrich,
mehr Besuch von ihren Kindern,
viel mehr Match-Erfolg beim Tindern,
dass Helene Fans verliert
oder Schalke Meister wird.

Es gibt mehr Wünsche hier auf Erden
als sich je erfüllen werden.
Große, kleine, lang gehegte,
fromme und auf Eis gelegte,
für sich selbst und für die Lieben,
wechselnd oder gleichgeblieben.
Jeder wünscht sich, was er will,
manche laut und andre still.

Ich wünsch mir heute allgemein,
dass jeder Wunsch, ob groß ob klein,
erfüllt wird und ganz ohne Frist
ein jeder wunschlos glücklich ist.

Und solang bis das passiert,
wünsch ich allen antiquiert
ein wunderbares Weihnachtsfest,
das jeden Wunsch vergessen lässt.

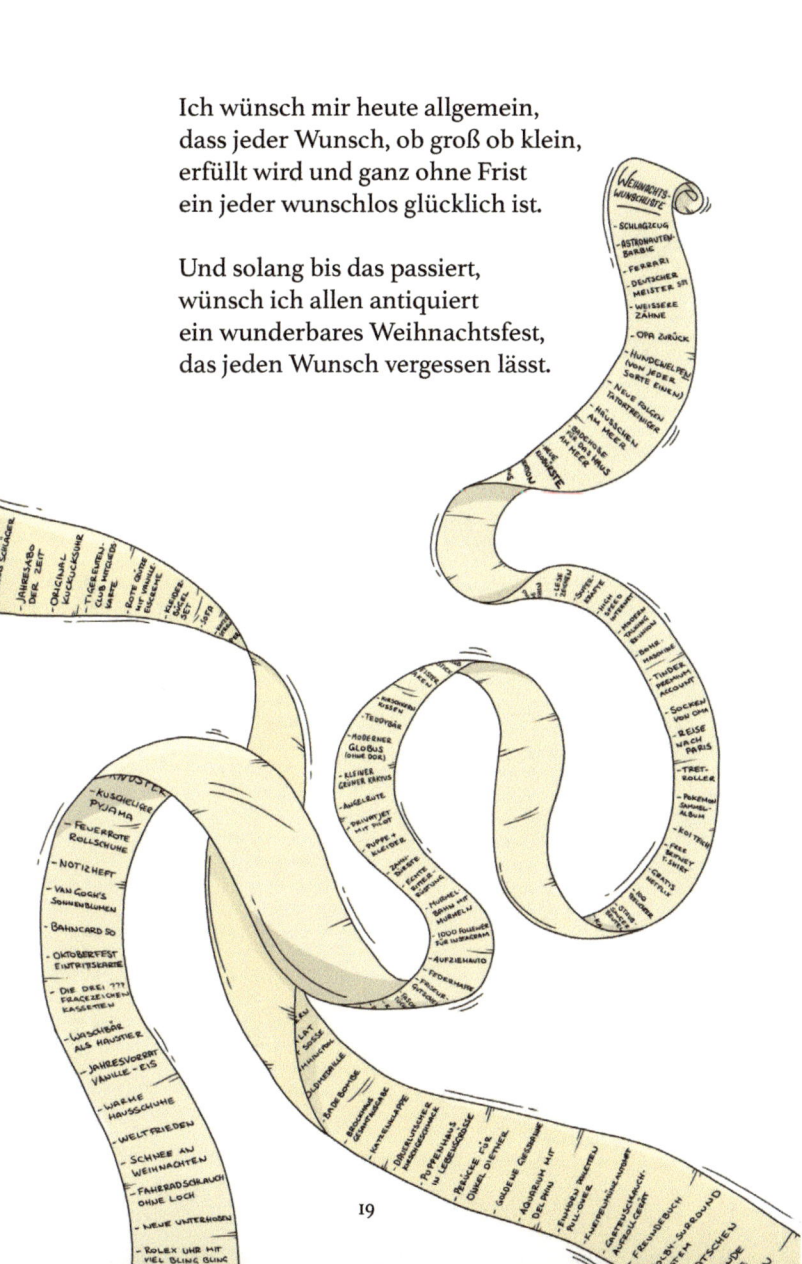

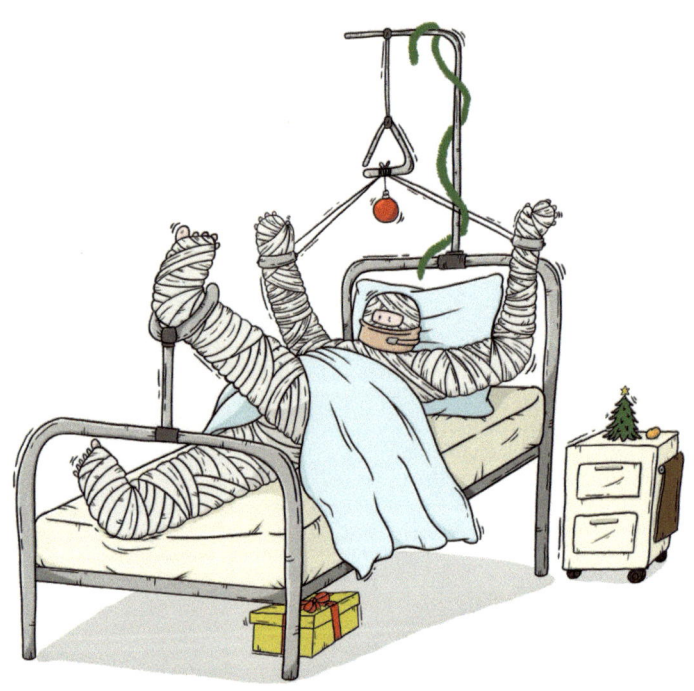

07.
WEIHNACHTEN
NICHT ZU HAUSE

Schiefe Lieder, Kirchengänge,
Christbaumkitsch, Geschenkgedränge,
das alles klingt zwar weihnachtlich,
doch richtig festlich ist das nicht.
Weihnachtslieder, Weihnachtsduft,
nichts davon liegt in der Luft,
alles öde, alles trist,
wenn man nicht zu Hause ist.

Wenn man auf der Arbeit weilt,
auf Kreuzfahrtschiffen Snacks verteilt,
wenn man seinen Flug nicht kriegt,
oder in der Klinik liegt.
Wenn man weit im Ausland wohnt
und der Weg nach Haus' nicht lohnt,
wenn das Geld für Sprit nicht reicht
und die Bahn die Züge streicht.

Mein Weihnachtsgruß geht raus an die
mit Nicht-Zu-Hause-Garantie.
Nehmt's nicht so schwer: Im nächsten Jahr
seid ihr dann sicher wieder da.

Und auch euch andren: Frohes Fest!
Genießt die Zeit in euerm Nest.
Genauso mach das jetzt auch ich –
im Elternhaus, ganz weihnachtlich.

08.
EINPACKGEDICHT

Zunächst wird das Geschenkpapier
aufs rechte Maß gekappt.
Im Anschluss dann die Schnittkante
schnell einmal umgeklappt
bis links und rechts die grade Kante
einmal überlappt.
Danach wird sich dann schnell
das Klebeband geschnappt
und dann die beiden Seiten
ganz zentral zusamm'gepappt.
Hat's mit dieser Anleitung
jetzt auch bei dir geklappt?

09.
DER WEIHNACHTSBOTE

Wenn Heiligabend näher kommt,
dann steigt sie automatisch prompt:
die Vorfreude auf tolle Sachen,
die uns alle glücklich machen.
Bücher, Spielzeug, süße Düfte,
Schokolade für die Hüfte,
Elektronik und Bekleidung,
Weihnachtsmann trifft die Entscheidung,
was die "Bösen" und die "Frommen"
letztendlich von ihm bekommen.

Dann geht es los von Haus zu Haus:
Die Präsente gehen raus,
im gelben Auto voller Rost
mit Lieferboten von der Post.
Sie schleppen unsere Geschenke,
Fahrräder und Kleiderschränke,
zerren sie bis vor die Tür
und kriegen höchstens Dank dafür.

Vielleicht sollte der Weihnachtsmann
noch mal an die Logistik ran
und seiner Weihnachtselfen Qualen
wenigstens korrekt bezahlen.
Denn wer will sein Geschenk denn schon
von Boten unter Mindestlohn?

10.
DER WEIHNACHTSBAUM

Grün,
gesund,
symmetrisch, dicht,
von zarter Schönheit, die besticht,
Pracht mit Idealgewicht –
all das ist unser Christbaum nicht.
Stattdessen krumm, an Ästen licht,
mit einer braunen Nadelschicht,
die Schönheitskonventionen bricht.
Ein Grüngewächs mit Wegschaupflicht,
ein Fall fürs Schönheits-Amtsgericht,
sogar im dunklen Kerzenlicht
beleidigt dich sein Angesicht.
Nur eins kann dieser fiese Wicht:
Er
sticht.

11.
DIE GESCHENKEPRODUKTION

Viele Menschen – nicht nur Kleine –
fragen sich zur Weihnachtszeit:
Wie kriegt der Weihnachtsmann alleine
jedes Haus bescherbereit?

Bevor ihr weiter drüber brütet,
spekuliert wird schon zuhauf,
das Geheimnis ist behütet,
doch ich klär euch heute auf.

Sind die Wunschzettel geschrieben,
werden sie nachts weggeklaut,
von quietschfidelen Wichteldieben
dann im Wünschesack verstaut.

Die bringen sie dann immer gleich
zur großen Wünschesackstation,
von dort geht's durch das Himmelreich
mit einer Rentierspedition.

So fliegen all die Wünschesäcke
aus dem schönen Lande fort
in eine unentdeckte Ecke
an den strenggeheimen Ort.

Dort werden Wünsche dann sortiert
von A wie Axt und B wie Bett
C wie Creme, die kaschiert,
und so weiter dann bis Z.

Die Elfen übernehmen dann
seit vielen Tausend Jahren schon,
sie schmeißen die Maschinen an
für die Geschenkeproduktion.

So bauen sie aus vielen Teilen
nach und nach an jedem Wunsch,
man sieht sie werkeln, schrauben, feilen,
zur Pause gibt es Kinderpunsch.

Von dort sausen Geschenkeberge
durch ein dickes langes Rohr
in das Fachgebiet der Zwerge:
das Geschenkpapierressort.

Hier wird gerollt, geklebt, geschnitten,
Schleifchen hier und Glitzer dort
und nach altbekannten Sitten
schreibt man Grüße und so fort.

Zu guter Letzt wird alles dann
für den Transport geschichtet
und vom guten Weihnachtsmann
noch mal final gesichtet.

Erst dann beginnt der letzte Schritt:
der Wohnzimmerexport.
Ein Schlitten nimmt Präsente mit
zum vorbestimmten Ort.

Das letzte Stück durch den Kamin
rutscht Weihnachtsmann ganz munter
und bringt uns – vielen Dank an ihn –
so die Geschenke runter.

12.
DER WEIHNACHTSMARKT

Mensch an Mensch und Stand an Stand,
Lumumba, Glühwein, Tassenpfand,
Kerzen, Räucherstäbe, Öle,
Lachgeräusch und Kindgenöle,
dicke Jacken im Gedränge,
rotbemützte Menschenmenge,
handgeschnitzte Holzfiguren,
Süßgebäcke mit Glasuren,
Schokoapfel und -Banane,
Kekse, Stollen, Marzipane,
Verkäuferin mit Elfenkluft,
Maronenduft liegt in der Luft,
inbrünstige Chorgesänge,
gutgemeinte Flötenklänge,
Tannenbäume kolossal,
Handschuh, Mütze, Winterschal,
Socken, Schmuck und Knopfmanschetten
Sterne, Lampen, Lichterketten.

Ach so viele Impressionen,
die sich für mich gar nicht lohnen.
Ich bleib zu Hause, das ist klar –
vielleicht dann wieder nächstes Jahr.

13.
DER GUTSCHEIN

Ich weiß nicht mehr, wie es geschah,
war von so vielem abgelenkt,
der Tag, an dem man sich beschenkt
ist urplötzlich wieder so nah.

Frag lieber nicht woran es lag,
dass ich komplett geschenklos bin,
der ganze Monat flog dahin,
schon morgen ist der große Tag.

Nur einmal wollt ich besser sein
und alles weit im Voraus kaufen,
nicht kopflos durch Geschäfte laufen,
doch leider fällt mir gar nichts ein.

Es mangelt mir an Phantasie
und an geeigneter Idee,
mal zu gewagt, mal zu Klischee
bis Weihnachten klappt das doch nie.

Er stresst mich, der Geschenke-Druck,
will nicht Duft und Schnaps verschenken,
muss vielleicht den Anspruch senken –
dann doch Süßes oder Schmuck?

Jetzt hab ich so lang nachgedacht
und alle Läden sind schon zu,
krieg weder Buch noch Joggingschuh,
denn es ist mitten in der Nacht.

Am Ende bleibt nur eine Wahl:
mit Liebe und hochkonzentriert
handbeschrieben und -verziert:
der Gutschein – so wie jedes Mal.

GUTSCHEIN
1x Fenster
putzen

Gutschein
1x Klo putzen

GUTSCHEIN
Gutschein
für:
Auto waschen!

Gutschein
zum Garage
ausräumen

Gutschein:
Geschirrspüler
ausräumen

GUTSCHEIN:
1x Müll
rausbringen

GUTSCHEIN
UNKRAUT
JÄTEN

Gutschein
GUTSCHEIN
Staub wischen!
1x Kochen

Gutschein:
Wohnung
staub...

Gutschein:
1x Fuß
Massage

GUTSCHEIN
2x RASEN
MÄHEN

Gutschein für:
ein
Abendessen

35

14.
STAYING HOME
FOR CHRISTMAS

Geschenke? Check.
Karten? Check.
Blumen? Check.
Kuchen? Check.
Mantel? Check.
Los geht's, alle raus!

Hose: Fleck.
Reifen: weg.
Motor: Leck.
Anruf: Schreck.
Laune: Dreck.
Wir bleiben zu Haus!

15.
EINER FEHLT

Aufgewacht am Heiligmorgen,
schnell noch letzten Kram besorgen,
Geschirr entstaubt, Menü gewählt –
einer fehlt.

Bäumchen schmücken, Lieder singen,
andren Weihnachtsgrüße bringen,
Geschenke fertig, Obst geschält –
einer fehlt.

Ausgepackt und sich gefreut,
auch harmonisch ist es heut,
alles schön, doch wenn man zählt –
einer fehlt.

Einer, der sonst Witze reißt,
zum Testen in Kartoffeln beißt,
der pfeifend durch die Gegend rennt,
beim Singen alle Texte kennt,
ein echter Gute-Laune-Wart,
der Stimmung macht mit seiner Art.

Ich wünsch heut allen frohe Feste,
Gemütlichkeit und nette Gäste
und möge euch von allen Seelen,
die euch mal Zeit mal Nerven stehlen,
keine fehlen.

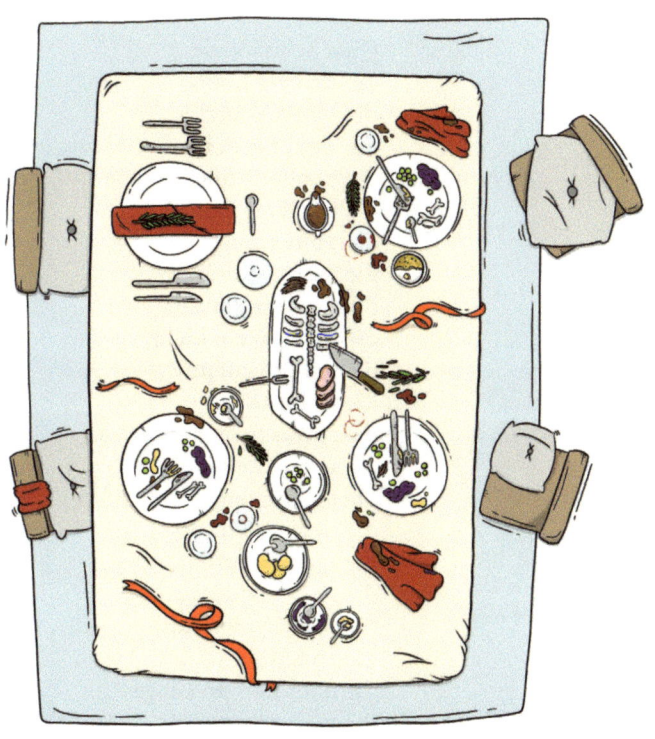

16.
ADVENTSKALENDER

Die 1 Schokolade
die 2 ist ein Buch
die 3 eine Waffel
die 4 ein Besuch
die 5 voller Kekse
die 6 leckrer Tee
die 7 ein Bonbon
die 8 Crème brûlée
die 9 ist ein Rätsel
die 10 dann ein Licht
die 11 ne Massage
die 12 ein Gericht
die 13 was Saures
die 14 ein Stein
die 15 Pralinen
die 16 ein Wein
die 17 ein Stempel
die 18 ein Witz
die 19 ein Spielzeug
die 20 Lakritz
die nächsten drei Tage
die bleiben geheim
doch die 24
enthält einen Reim.

17.
WARME WEIHNACHTEN

Wenn es draußen strahlend scheint,
vor Sonnenbrand der Nachwuchs weint,
wenn man das Freibad kaum verlässt,
dann ist es da: das Weihnachtsfest.

Nach der Siesta geht es los,
die Spannung steigt, die Freude groß,
was hat das Christkind uns gebracht,
zur sommerlichen heil'gen Nacht?

Zum Essen Weihnachtsgans Hawaii,
ein Klecks Vanilleeis dabei,
zu trinken kaltes Weizenbier,
so machen das heut alle hier.

Mit kurzen Hosen unterm Baum,
der Ventilator kühlt den Raum,
verschwitzte Hände packen aus:
ein kleines Tropen-Puppenhaus.

Egal wie heiß es draußen ist,
dass man den kalten Schnee vermisst,
ich wünsch euch allen weit und breit
ne schöne, warme Weihnachtszeit.

18.
DAS KRIPPENSPIEL

Wenn kleine Kinder ganz bescheiden
sich als Engelchen verkleiden,
um aus rituellen Gründen
große „Wunder" zu verkünden,
klingt das psychisch instabil,
doch es ist: das Krippenspiel.

Kinder-Stars im Sternenlichte
mimen uns die Festgeschichte,
wer sich Text nicht merken kann,
der muss als Ochs und Esel ran.
Die Vorfreude ist riesengroß
und dann geht schon das Schauspiel los:

Maria mit dem dicken Bauch
muss genau wie Josef auch
sich mit all den Menschenmassen
einmal gründlich zählen lassen.

Sie suchen nun zum Schlafenszwecke
eine angenehme Ecke,
werden aber von den fiesen
Herbergsvätern abgewiesen.

So muss Maria drall und prall
zu Ochs und Esel in den Stall.
Doch die Nacht wird schnell erhellt:
das Jesuskind, es kommt zur Welt.

Ein Engel ist so hingerissen,
er lässt es gleich die Hirten wissen.
Sie kommen dann mit ihren Schafen
und sehn das Jesuskind beim Schlafen.

Auch drei Weise und Geschenke
sammeln sich um Jesus' Tränke.
Es handelt sich – das ist wohl klar –
um Caspar, Melchior, Balthasar.

So nimmt das Schicksal seinen Lauf
und alle sind so super drauf,
dass noch heute diesen Tag
fast jeder Christ gern feiern mag.

45

19.
MAL ANGENOMMEN

Vor langer Zeit ist es gescheh'n:
Maria lag erst in den Weh'n,
dann gebar sie einen Sohn
und damit lange Tradition.

Noch heute feiern wir stets froh
mit Ochs und Esel, Stall und Stroh.
Doch wär das alles nicht passiert –
wie würde heut wohl zelebriert?

Hätte einst – mal angenommen –
Maria einen Berg erklommen,
stände dann für jeden Stall
ein Gipfelkreuz jetzt überall?

Oder statt der Futterkrippe
spielte Jesus auf ner Wippe,
weil das Schwingen ihm gefiel,
gäb's dann heut ein Wippenspiel?

Hätt's Ochs und Esel nicht gegeben,
aber Faul- und Stinktier eben,
würd man Heiligabend stinken
oder faul vom Bäumchen winken?

Oder wär's ne Maurer-Schar
statt Caspar, Melchior, Balthasar
gewesen dort an jenen Tagen,
würd man Helm statt Krone tragen?

Hätte, würde, wenn und wäre,
diese Weihnachtsatmosphäre,
jede Sitte, jeder Brauch
und die Traditionen auch

sind schon gut so wie sie bleiben,
dieses einstudierte Treiben,
wie wir es von klein auf kennen
und ganz einfach „Weihnacht" nennen.

20.
FRIEDLICHE
WEIHNACHTEN

Manches Jahr fällt's wirklich schwer
was „Fröhliches" zu schreiben.
Gute Menschen sind nicht mehr
und schlechte durften bleiben.

Im Ausland werden Leute
ohne Gründe attackiert,
im Inland wird man heute
schnell als „Gutmensch" degradiert.

Und mitten rein in diese Zeit
fällt unser Weihnachtsfest,
das sonst so viel Familienstreit
mal kurz vergessen lässt.

Mein frommer Wunsch ist deshalb klar:
Kann das nicht weltweit geh'n?
Wollen wir uns dieses Jahr
nicht ganz global versteh'n?

Von Jung bis Alt, von Ost nach West
und alle Religionen,
nur ein Versuch, ein Friedens-Test,
das würde sich doch lohnen?

Wenn ein Lügner nicht mehr lügt
und ein Versprechen hielt,
ein AFDler ganz vergnügt,
mit Marokkanern spielt.

Wenn Königin mit Kanzler lacht,
weil Zaren-Witze schallen,
dann weiß ich: Es ist Weihnachtsnacht.
Das wünsch ich mir und allen.

21.
REGIONALE WEIHNACHTEN
(EINE LIMERICK-SAMMLUNG)

Zu Weihnachten nördlich von Essen
wird jedes Jahr Heißwurst gegessen.
Auch Kartoffelsalat
liegt daneben parat
und das Bierchen wird auch nicht vergessen.

Zu Weihnachten in Bremerhaven
hat ein Kind die Bescherung verschlafen.
Wollt den Weihnachtsmann seh'n
anstatt schlafen zu geh'n.
Hielt sich wach mit dem Zählen von Schafen.

Zu Weihnachten nah bei Salzgitter
tobt abends ein starkes Gewitter.
Man soll es nicht meinen,
doch stör'n tut es keinen.
Als Nachtisch gibt's dort Mandelsplitter.

Zu Weihnachten neben Saarbrücken
wollt der Weihnachtsmann Kinder entzücken.
Er sprang in den Kamin,
weils ihm sinnvoll erschien.
Bis zum Sommer geht er jetzt auf Krücken.

Zu Weihnachten kurz hinter Lingen
soll ein Singkreis ein Weihnachtslied singen.
Doch der hiesige Chor
hat was Besseres vor
und so muss halt die Orgel erklingen.

Zu Weihnachten mitten in Halle,
da wohnte ein Dr. Figalle.
Er hasste das Fest,
schrieb das letzte Attest
und stieg in den Flieger nach Malle.

Zu Weihnachten westlich von Siegen
blieb der Schlitten vom Weihnachtsmann liegen.
Laut Herrn Ruprecht, dem Knecht,
war den Rentieren schlecht
von den Unwetterfronten beim Fliegen.

Zu Weihnachten abends in Trier
kriegt ein Kind als Geschenk ein Klavier.
Es drückt willkürlich Töne,
nur leider nicht schöne.
Die Eltern, sie greifen zum Bier.

Zu Weihnachten in Leipzig West
betrachtet ein Teenie den Test.
Völlig gewissenhaft
zeigt er die Schwangerschaft.
Was fürn unvergessliches Fest.

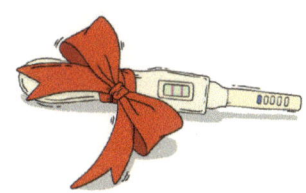

51

Zu Weihnachten in Ibbenbüren
war ein Krippenspiel uraufzuführen.
Leider hat Balthasar
heut die Schlüssel nicht da
und man stand vor verschlossenen Türen.

Zu Weihnachten mitten in Meppen
muss ein Bote Pakete hochschleppen.
Doch der Lift ist defekt,
das heißt im Endeffekt
nimmt er wutentbrannt wieder die Treppen.

Zu Weihnachten im Landkreis Hamm
wiegt ein Soap-Star sein Essen nach Gramm.
Denn ein schönes Gesicht
bleibt mit Übergewicht
leider selten im Fernseh-Programm.

Zu Weihnachten bei Pirmasens
hat der Opa schon leichte Demenz.
Das gemeinsame Essen
hat er wohl vergessen,
doch bestreitet das mit Vehemenz.

Zu Weihnachten bei Pottenstein
wollt die Mutter der Weihnachtsmann sein.
Sie besorgte den Bart,
imitierte die Art,
doch das Kind fiel so gar nicht drauf rein.

Zu Weihnachten bei Kühlungsborn
da packte Knecht Ruprecht der Zorn.
Denn das Kindchen, es log,
dass der Balken sich bog.
Also fragte er wieder von vorn.

Zu Weihnachten drüben bei Minden
konnt ein Mann sein Geschenk nicht mehr finden.
Es wurd niemals entdeckt,
so gut war es versteckt,
für das Kind war das schwer zu verwinden.

Zu Weihnachten bei Nidderau
stand die ganze Familie im Stau.
Der Mann hat sich beschwert,
weil halt keiner mehr fährt.
„Jetzt beruhig dich doch" sagt seine Frau.

Zu Weihnachten oben auf Rügen
musst ein Mann sich den Tatsachen fügen.
Denn sein Bonus entfällt
und auch das Weihnachtsgeld.
Das sieht er in den Kontoauszügen.

Zu Weihnachten bei Westerstede
schwingt der Pastor ne sehr lange Rede.
Ja, er predigt Verzicht,
für ihn selbst gilt das nicht,
denn der Messwein haut rein – alter Schwede.

Zu Weihnachten östlich von Kassel
kriegt ein Kleinkind ne hölzerne Rassel.
Das Geschenk in der Hand
hauts ein Loch in die Wand.
Für die Eltern ein riesen Schlamassel.

Zu Weihnachten bei Meisenheim
schreibt ein Mann nen besinnlichen Reim.
Doch schon im ersten Vers
ist das Reimwort pervers
und erstickt die Versuche im Keim.

Zu Weihnachten ländlich bei Gießen
vergaß Herrchen die Tür abzuschließen.
Der Hund lief schnell zum Baum
und genierte sich kaum
als er Beinchen hob, um ihn zu gießen.

Zu Weihnachten kurz hinter Emden
kriegt ein Mann als Geschenk neue Hemden.
Er sieht tadellos aus,
seine Freundin zu Haus
hält ihn deshalb doch glatt für nen Fremden.

Zu Weihnachten in Gladenbach
lag die Mutter noch stundenlang wach.
Denn ihr Sohn hörte gern
Weihnachtssongs in modern.
Für die Mutter wars einfach nur „Krach“.

Zu Weihnachten ländlich bei Kiel
wurd gejubelt weil Schnee runterfiel.
In der heiligen Nacht
gabs ne Schneebälleschlacht.
Auch der Weihnachtsmann wurde zum Ziel.

Zu Weihnachten in Münster Ost
kriegt die Oma nur magere Kost.
Denn ihr Leberwert
ist ein Krisenherd.
Ihr Likör kommt dann später per Post.

Zu Weihnachten in Baden-Baden
hing das Fest schon am seidenen Faden.
Weil der sehr teure Sekt
richtig ekelhaft schmeckt,
gibt's zum Anstoßen jetzt Limonaden.

Zu Weihnachten bei Paderborn
gibt's nach jedem Präsent einen Korn.
Man packt aus das Geschenk
und trinkt aus das Getränk
und dann alles noch einmal von vorn.

22.
WEIHNACHTSESSEN

Klassisch Kartoffelsalat?
Untypisch mediterran?
Fussili mit Parmesan?
Roastbeef nach Hausfrauenart?

Weihnachtsgans lecker gefüllt?
Karpfen und Knödel dazu?
Hirschgulasch oder -ragout?
Rindfleisch mit Pilzfarce umhüllt?

Braten mit Curry und Reis?
Bananenblatt und ein Filet?
Kräuterkartoffelpüree?
Tacos mit Bohnen und Mais?

Klingt alles ganz nett.
Doch es gibt: Raclette.

23.
DER VERWANDTENBESUCH

Zu Weihnachten trifft man Verwandte
wie Großeltern, Schwager und Tante.
Die sieht man im Jahr nur sehr selten,
drum treffen sich Menschen und Welten.

Zum Beispiel die Tante mit Hut auf,
die ist schon nach zwei Sektchen gut drauf.
Sie lacht schallend quer durch die Zimmer,
mit jedem Schluck wird es noch schlimmer.

Ihr Mann hat auch gern einen sitzen
und neigt zu sexistischen Witzen.
Sobald er mal einen erzählt,
schaut Oma gleich wieder gequält.

Sie lädt dabei Essen auf Teller
und holt ständig Bier aus dem Keller.
Den Rest der Zeit stellt sie nur Fragen,
die Enkelin kanns kaum ertragen.

Denn sie hat grad Stress mit der Liebe,
weshalb sie gern nicht länger bliebe.
Ihr Papa will davon nichts hören:
„Was wisst IHR von Liebe, ihr Gören?"

Der kleine Cousin namens Sören
lässt sich davon gar nicht groß stören.
Den Heulkrampf von seiner Cousine
begleitet er mit Violine.

Der Opa kriegt davon nichts mit,
denn geistig ist er nicht mehr fit.
Er schüttelt den Kopf nur und schreit:
„Der Krieg war ne ganz schlimme Zeit!"

Derweil ist der Schwager empört,
weil „Mindestlohn Wirtschaft zerstört".
Er merke das in seinen Kassen
und plane das Land zu verlassen.

Die Schwester ist davon entsetzt,
dass er sich ins Ausland absetzt.
Geld sei nicht so wichtig im Leben –
man solle nach Achtsamkeit streben.

So geht es dann drüber und drunter,
die Sonne geht langsam schon unter.
Im Dämmerlicht sorgt das Gewühl
für heimliches Weihnachtsgefühl.

59

24.
ABSCHIEDSGEDICHT

Von drauß' vom Walde komm ich her
und finde keine Reime mehr.
Es hilft kein Schimpfen oder Fluchen
oder tagelanges Suchen.
Sie sind alle gut versteckt,
ich hab keinen mehr entdeckt.
Ich nutz also den letzten Reim,
um Leser*innen von daheim
"Frohe Weihnachten" zu senden
und dieses Buch hier zu beenden.
So machts dann gut und lebt denn wohl
bis ich dann neue Reime hol.

Hassmails, Liebesbekundungen und
Gedichinterpretationen bitte an
bossetext@gmail.com oder unter **reimnachten.de**

1001 Dank gehen an

Caro & Cesrin für die Gestaltung
Melli & Seppel fürs Lektorieren
Mama & Papa für die Talentförderung
Jana für einfach alles (vor allem Geduld)